CONOCE LAS HOJAS DE LOS ÁRBOLES

Shanna Wrazen

Traducción al español: José María Obregón

Rosen Classroom Books & Materials
New York

Las hojas crecen en los árboles.

Las hojas tienen muchas

formas distintas.

En el otoño, algunas hojas cambian de color.

Otras hojas se quedan verdes en el otoño.

En el otoño, las hojas de los árboles se caen al suelo.

En la primavera, crecen nuevas hojas en los árboles.

PALABRAS QUE DEBES SABER

(los) árboles

(las) formas

(las) hojas